DE RESSÉGUIER

DERNIER PROCUREUR GÉNÉRAL AU PARLEMENT

DE TOULOUSE

DE RESSÉGUIER

DERNIER PROCUREUR GÉNÉRAL AU PARLEMENT DE TOULOUSE

DISCOURS

PRONONCÉ LE 6 DÉCEMBRE 1863

A LA

RENTRÉE SOLENNELLE

DES CONFÉRENCES DES AVOCATS

PAR

GEORGES DU GABÉ

AVOCAT A LA COUR IMPÉRIALE DE TOULOUSE

TOULOUSE

E. CONNAC, DELPON et Cᵉ, IMPRIMEURS-LIBRAIRES

RUE DES BALANCES, 43.

—

1863

Messieurs,

Il est dans les traditions de notre ordre de consacrer cette première réunion à méditer sur un grand principe juridique, et à jeter un regard en arrière pour interroger les hommes qui se sont signalés sur les siéges de la magistrature, à la barre, ou dans les agitations de la vie publique. Nous demandons à leurs actes, à leurs œuvres, quelquefois à leurs fautes, des enseignements précieux qui nous sont à la fois une leçon et un encouragement.

L'histoire, entraînée par l'immensité des événements qu'elle embrasse, néglige les hommes pour ne parler que des faits, et ceux qui ne sont pas au premier rang par leur naissance ou par leur génie, restent oubliés, quelquefois méconnus. Il me semble, Messieurs, que ces fêtes de famille, auxquelles on nous convoque chaque année, sont une heureuse occasion de vous parler de quelqu'un de ces hommes dont la renommée fut une des gloires de la cité; leurs grands caractères laissent de beaux exemples à suivre; l'étude de leur vie fortifie nos cœurs et élève nos intelligences en y faisant germer la noble ambition de bien faire et de bien vivre! Grâces au ciel, Messieurs, nous n'avons pas besoin de jeter les yeux hors de cette vieille ville de Toulouse pour évoquer le souvenir d'hommes illustres dont la vie puisse vous être proposée comme modèle. Sous ce rapport, nulles archives ne sont plus riches que celles de notre histoire parlementaire, et lorsqu'on fouille dans ces trésors entassés par le temps, on n'a qu'une préoccupation et qu'un regret : l'insuffisance de sa parole!

Je veux vous parler aujourd'hui d'un homme qui s'illustra aux dernières heures de cet ancien Parlement du Languedoc, qui, après avoir pendant plusieurs siècles balancé la puissance royale, fut englouti par la tourmente révolutionnaire avec toutes les institutions de la vieille France. Chaque jour voit disparaître quelqu'un des monuments qui étaient comme les derniers survivants de cette grande puissance disparue, témoignant aux générations de l'énergique courage de ces hommes qui, selon la parole d'un chroniqueur (1), allèrent à la mort du même pas qu'ils marchaient dans les cérémonies publiques.

Aussi faudrait-il, Messieurs, que ces souvenirs fussent réveillés par quelqu'une de ces voix puissantes qui ont le privilége et le droit de se faire entendre et écouter au loin! Le bien est si hardiment méconnu, les plus tristes désordres si audacieusement glorifiés, qu'il serait utile de répondre aux doctrines mauvaises qui se font jour de toutes parts, par le récit de la vie de ceux dont les nobles services sont une des gloires les plus pures de la France. A chacun de ces vieux monuments que l'on abat, comme les témoins inutiles d'un passé que l'on oublie, les hommes de cœur doivent douloureusement tressaillir; car ils sont les incorruptibles remords de ceux qui torturent l'histoire pour en faire l'instrument de leurs rancunes ou de leurs espérances. Pour nous, Messieurs, le souvenir de ces hommes est un patrimoine précieux qui appartient à tous, parce qu'à tous il peut donner la généreuse ambition de les suivre dans cette voie de l'honneur qu'ils ont si noblement parcourue. Pour

(1) Riouffe.

la magistrature, c'est un trésor de famille auquel elle
me pardonnéra d'avoir touché, parce que depuis
bien des siècles le barreau s'asssocie à toutes ses
gloires comme il l'entoure de ses respects. Je veux
raconter la vie du dernier procureur général du
Parlement de Toulouse, le courageux provocateur de
ces énergiques protestations qui furent pour cette
illustre compagnie un si glorieux et si sanglant linceul.
Ecrire l'histoire du procureur général, c'est écrire
celle de l'illustre compagnie dont il partagea les tra-
vaux et les périls; c'est rappeler surtout l'énergie
patriotique, la fermeté inébranlable, le dévouement
sans calcul aux vrais intérêts du pays des magistrats de la chambre des vacations, qui payèrent de
leur vie l'accomplissement d'un grand devoir.

Louis-Elisabeth-Emmanuel de Rességuier, marquis de Miremont, naquit à Toulouse le 5 mai 1755,
d'une ancienne famille du Rouergue qui, depuis
deux cents ans, occupait au Parlement le siége que
le roi François Ier y avait créée pour un de ses aïeux.
Le jeune de Rességuier vint au monde au moment où
la France ressentait les premiers tressaillements de
ces commotions terribles qui devaient la couvrir
plus encore de débris et de ruines que de deuil et
de sang; il appartenait à une famille où la fidélité à
Dieu et au roi est une tradition que l'on garde avec
orgueil et respect et que l'on affirme de son sang

quand l'heure de la lutte a sonné ; c'est dire quels
furent ses premiers enseignements et vers quel but
furent dirigées ses études. Son grand-père, qui occupait au Parlement une charge de président, et son
oncle, bailli de l'ordre de Malte, avaient été mêlés à
tous les événements militaires ou politiques qui mar-
quèrent la fin du dix-huitième siècle ; ils virent que
l'heure du péril allait sonner pour cette vieille monarchie qui avait donné à la France tant de grandeur
et tant de gloire, et ils voulurent que cet enfant devint un homme digne de servir son pays et son roi.

La France présentait alors, en effet, l'effrayant
spectacle d'une nation saisie comme par un vertige,
d'aspirations non définies de réforme et de liberté :
germe glorieux et heureusement vivace que n'ont pu
détruire ni les excès révolutionnaires ni les triom-
phes du despotisme. De toutes parts on commençait à
discuter le pouvoir royal et l'on cherchait à le res-
treindre. Les parlements jaloux de leurs puissantes
prérogatives, voulaient les augmenter en se décla-
rant les chefs du mouvement qui se faisait sentir ;
après avoir élevé l'autorité royale en la faisant triom-
pher des grands vassaux qui méconnaissaient sa sou-
veraineté pour affirmer plus énergiquement la leur,
ils cherchent à continuer leur rôle de médiateurs et
ils se font les défenseurs des libertés nationales qui
avaient été absorbées par le génie envahissant de

Louis XIV. Ce n'est pas un médiocre enseignement,
Messieurs, que de se souvenir que les Parlements
sont les premiers qui ont déclarés imprescriptibles
pour la nation ces droits qui se résument dans la liberté individuelle, et dans la libre discussion de l'im-
pôt qui furent la cause ou le prétexte des boulever-
sements que la France a subis ; comme aussi de
constater à la lueur d'une trop longue expérience,
que les agitations politiques ont toutes pour but
apparent l'extension de la liberté et qu'elles abou-
tissent toujours à l'amoindrir, quant elles ne condui-
sent pas au despotisme !

La noblesse se laissait entraîner aux idées de no-
vation et d'indépendance que soufflaient les philoso-
phes et les littérateurs de l'époque ; oubliant les
gloires et les bienfaits du passé pour ne se souvenir
que des fautes de la veille, elle aussi elle demandait
la Réforme ! Mot fameux, qui représente le bandeau
attaché sur les yeux des gens honnêtes atteints de la
décevante illusion qui leur fait espérer d'enchaîner
ou de modérer l'orage qu'ils ont soulevé ; erreur
fatale que presque tous devaient expier par l'héroïs-
me de leur mort. La noblesse en un mot s'écartait
de sa voie et le Tiers-Etat cherchait à entrer dans la
sienne, car suivant la si juste expression de Seyès, il
n'était rien et il voulait être tout. Nous le savons
tous, Messieurs, les réformateurs sont presque tou-

jours sincères parce qu'ils sont honnêtes et désinté-
ressés, les révolutionnaires toujours ambitieux ne
demandent la transformation du pouvoir que pour
être sûrs de le saisir; peu leur importe d'abattre la
liberté avec la monarchie, pourvu que l'égalité les
place au rang suprême en leur donnant la fortune
et le pouvoir; le souvenir du protecteur Cromwell
troublait le sommeil du régicide Robespierre.

Telle était la situation en France quand le jeune
De Rességuier fut en âge de choisir une carrière, il
aspirait à l'insigne faveur d'occuper au Parlement le
siége demeuré vacant par la mort de son père; pour
se montrer digne de ce glorieux héritage il s'adonna
exclusivement à l'étude du droit. Dirigé par un
homme dont la profonde érudition, l'esprit gracieux,
et les nobles et énergiques convictions ne peuvent
être complétement oubliées à Toulouse, M. Poitevin,
il acquit en peu de temps ces connaissances juridi-
ques qui font le légiste, et ces connaissances morales
qui font seules le magistrat éclairé. La nature l'avait
richement doué; son élocution était brillante et facile,
sa mémoire heureuse retenait et classait toutes cho-
ses avec une mérveilleuse clarté; à toutes ces quali-
tés qui constituent l'homme instruit et éloquent, il
joignait les convictions et la profonde sensibilité qui,
seules, font l'orateur.

Tel était l'homme que l'estime de tous désigna au

choix du roi, pour devenir, à vingt-quatre ans, avocat-général au parlement de Toulouse.

. Dès le premier jour il se montra digne de ces hautes et difficiles fonctions ; resté seul à la tête du parquet (1), il sut pourvoir à tous les besoins du service, à toutes les exigences de l'audience. Ce périlleux honneur qui, pour tout autre, eût été un écueil, devint le point de départ de sa renommée, chaque jour le vit sur son siége dirigeant, malgré sa jeunesse, les délibérations de ce grand corps dont son âge pouvait lui interdire l'entrée ; passionnant, par son ardente et chaleureuse éloquence, la foule qu'il attirait aux sévères et solennelles audiences du parlement ; au parquet, administrant d'une main sûre et avec une sagesse et une modération dignes de l'âge mûr, cet immense ressort dans lequel il était chargé de la défense de la morale, de la religion et aussi de la liberté !

Depuis douze années M. de Rességuier exerçait avec talent ces fonctions d'avocat général lorsque le roi le nomma son procureur-général près le Parlement. Quelle que soit de nos jours l'importance de cette charge et des devoirs qu'elle impose, elle ne peut être comparée au lourd fardeau que la con-

(1) Lorsqu'il arriva au parquet, il n'était que troisième avocat général. M. de Parazols, deuxième avocat général, mourut subitement, et M. de Cambon venait d'être pourvu d'une charge de président à mortier.

fiance du roi remit à M. de Rességuier, le 7 janvier 1788. Louis XVI montait sur le trône au milieu de difficultés de toute sorte, l'administration était méprisée, le désordre régnait dans les finances, la justice elle-même n'était pas exempte de reproches, et tout un règne de débauches et de sanglants affronts écrasait de son poids le prince honnête homme qui arrivait au pouvoir. Les écoles philosophiques, représentées par d'Alembert, Diderot, Rousseau, Voltaire, avaient surexcité les esprits et préparé les voies à la destruction du vieil édifice social. Le roi voulut essayer de se mettre à la tête du mouvement. Nul ne peut contester l'honnêteté de ses vues, la droiture de ses intentions et cependant, il échoua ; c'est un grand enseignement à tirer de ces temps désastreux, il échoua : parce que les hommes qui attaquaient le trône, s'étaient promis de l'abattre et non de modifier ou d'améliorer les institutions sur lesquelles il reposait ; parce que la guerre d'Amérique si populaire dès son début et pour le succès de laquelle le roi écrivit des instructions qui demeurent comme un monument à sa gloire, vint accroître les embarras intérieurs ; on allait disant que le désordre était dans les finances et c'est, qui le croirait aujourd'hui ? un déficit de 75 millions qui détermina les Parlements à provoquer la réunion des États généraux.

C'est à cette occasion que M. de Rességuier eut

pour la première fois à requérir comme procureur-général l'enregistrement d'édits bursaux. Le moment était solennel, les évènements marchaient avec une effrayante rapidité, le moindre choc pouvait ébranler et renverser ce vieux trône respecté par les siècles; la royauté allait à sa perte, et c'était le devoir et le droit des parlements de l'avertir du péril. C'était un redoutable et difficile problème que celui que le Parlement avait alors à résoudre; devait-il soutenir le roi, même dans ses erreurs, pour sauver la monarchie? Devait-il refuser l'enregistrement des édits pour sauver le roi? Le Parlement de Toulouse, fidèle à ses traditions, voulut se montrer aussi le défenseur des droits du peuple, et il crut rester, en même temps, le ferme soutien de la royauté; il décida qu'il refuserait l'enregistrement des édits et, comme le Parlement de Paris, il demanda la réunion des Etats généraux.

M. de Rességuier aborda sans hésitation la difficile question en face de laquelle il se trouvait placé; et il combattit la tendance du parlement; il lui disait: que ce n'était pas au moment du danger qu'il devait chercher à faire passer aux mains des Etats généraux la plus périlleuse et la plus lourde de ses prérogatives; que son seul but, en ce moment, devait être de sauver le roi; et qu'il ne devait pas le combattre parce que la résistance n'est honorable que contre les forts ; que les bruits qui, de toute part, se faisaient entendre, lui interdisaient de livrer la royauté sans défense aux efforts des factions. Il leur annonça enfin leur dissolution prochaine, pressentant, avec son grand esprit et la sureté si parfaite de son jugement, que les réformateurs n'épargneraient pas la justice elle-même. Ces paroles, pleines de sagesse, ne sont pas entendues ; les édits ne sont pas enregistrés, et le cardinal de Brienne, se croyant plus fort ou plus habile que le chancelier Maupeou, essaye de réduire les Parlements.

Ce fut un jour de tumulte et de bruit, à Toulouse, que celui où MM. de Périgord et de Cipierre vinrent au nom du roi, pour forcer le Parlement à enregistrer l'édit qui le fesait descendre de ses siéges. M. de Rességuier oublia alors que, seul, il avait combattu l'opinion de ses collègues pour ne se ressouvenir que de l'obligation qu'il avait de défendre le grand corps dont il était l'un des chefs. Il refusa de transmettre aux cours inférieures les édits que la violence avait fait écrire sur les registres du Parlement, et il partit pour l'exil, après avoir ainsi sauvegardé les franchises du Languedoc dont il était le gardien naturel.

On ne peut, Messieurs, assister sans gémir profondément à ces luttes formidables et mesquines en même temps entre les cours souveraines et les ministres, quand on se souvient de ce qu'elles ont coûté à la France de larmes et de sang. Que se serait-il passé si la monarchie eut respecté les Parlements et si ceux-ci eussent contenu le peuple au lieu de l'exciter? Effrayante question que je ne puis m'empêcher de me poser devant vous, mais que je ne me sens pas la force d'essayer de résoudre !

Pour la deuxième fois depuis moins d'un demi-siècle, les magistrats étaient en exil. Cet éloignement des affaires donna à M. de Rességuier six mois de repos, que les fatigues passées et les luttes à venir lui rendaient indispensables, il en profita pour s'adonner entièrement à ses goûts littéraires que d'immenses et incessantes occupations l'avaient forcé à négliger. Il vécut au *Secourrieu*, entouré de sa famille et de quelques amis privilégiés. Depuis plusieurs années déjà, M. de Rességuier faisait partie de l'Académie des Jeux-Floraux (1); là aussi il y avait en quelque sorte un siége héréditaire pour sa famille, siége rempli de nos jours avec tant d'éclat, que nous pouvons dire avec certitude quelle part ceux qui portent si dignement son nom prendraient aux affaires publiques, si le passé ne leur commandait une honorable retraite. M. de Rességuier suivait assiduement alors les séances de l'Académie dont il était resté si longtemps éloigné, et nous retrou-

______
(1) Il avait été nommé Mainteneur en 1780.

vons dans ses annales quel souvenir y a laissé ce trop court passage; il affectionnait spécialement ce commerce continu avec les hommes de goût qui composaient le collége du Gai-Savoir et c'est au milieu d'eux qu'il cherchait à oublier les difficultés du présent et les menaces de l'avenir.

Le temps marchait et la suppression des Parlements ajoutant aux irritations du peuple, menaçait la royauté plus encore que leurs remontrances; M. de Brienne abandonna le ministère et les Parlements furent rappelés. L'exil de cette suprême magistrature avait été à Toulouse le signal d'une profonde agitation, la population tout entière avait pris parti pour le Parlement et, fière à juste titre de cette glorieuse indépendance qui faisait depuis plus d'un siècle la force de ses magistrats, elle ne pouvait voir d'un œil indifférent remettre en d'autres mains la charge si noblement remplie par eux. Je n'ai pas dessein de vous répéter ici, Messieurs, tout ce que l'on eut le droit de dire et d'écrire à Toulouse contre les officiers du grand baillage; il serait curieux cependant de parcourir aujourd'hui ces brochures, ces pamphlets, ces épigrammes, ces journaux enfin, dans lesquels on avait le droit d'écrire : « qu'au « milieu des terrains qui forment aujourd'hui la « place Saint-Michel un monument serait élevé

2

« pour servir de tombeau au commandant de la
« province et à ses troupes avec cette épitaphe :

   « Qui que tu sois passant, vois et maudis le sort,
   « D'un courtisan dont l'âme au ministre asservie,
   « Trahissant à la fois son prince et sa patrie,
   « Veut chercher dans nos murs l'infamie et la mort. »

Nous saurions ainsi de quelle liberté jouissait la presse en France en 1787.

Le seul incident dont je veux vous entretenir a trait au barreau, c'est à la fois un glorieux souvenir et un salutaire enseignement. Invinciblement attachés au sort des magistrats pour le retour desquels ils avaient élevé cette colonne qui orne la salle de nos grandes audiences (1), non moins dévoués à la défense des franchises et des libertés du Languedoc, les avocats refusèrent de prendre la parole devant les magistrats nouveaux, protestant ainsi contre le coup d'Etat qui avait porté atteinte aux lois fondamendu royaume; ils ne se présentèrent pas aux audiences du grand baillage. Vous le savez, Messieurs, l'arbitraire est la plus glissante de toutes les pentes, et le meilleur des gouvernements ne peut que

______

(1) Cette colonne a été élevée par l'ordre des avocats de Toulouse au commencement du règne de Louis XVI, pour perpétuer le souvenir de la reconstitution du Parlement par le roi et de la dissolution du Parlement Maupeou.

difficilement s'y arrêter quand un ministre imprudent a commis la faute de l'y entraîner ; C'est ce qui arriva à M. de Brienne ; après avoir porté atteinte à l'inviolabilité des magistrats, il oublia que le plus précieux des priviléges de l'avocat réside dans l'indépeudance de sa parole à laquelle le pouvoir n'a jamais le droit de faire violence. Messieurs Jammes, Lafage et Duroux reçurent l'ordre de se rendre à Paris pour expliquer l'attitude du barreau et la cause de son abstention ; et les membres du grand baillage, despotes et vindicatifs comme tous les usurpateurs, disaient hautement que la Bastille serait le terme de leur voyage. Je ne puis vous dire, Messieurs, si c'est ce dernier excès qui ameua la chute du système de Brienne, et si leur énergique attitude fut comme la goutte d'eau qui fait déborder le vase. Mais ce que je suis heureux de vous rappeler, c'est que notre ordre s'associa, avec cette unanimité qui a toujours fait sa force, aux courageux sentiments de ses représentants et qu'il remit à M. Jammes, le chef de la députation, une médaille commémorative dont la légende renfermait, pour un bòn citoyen , la plus flatteuse récompense : « *Orator* « *patriœ.* »

La rentrée des Parlements fut pour la province tout entière une réjouissance publique ; une population immense se rendit à Toulouse pour acclamer ces

« *pères du peuple,* » dont l'absence avait été un deuil public ; et de toutes parts le calme sembla renaître, maintenant que ces gardiens vigilants des libertés publiques veillaient sur la cité. Ces événements se passaient le 16 octobre 1788, et quelques mois plus tard, le même peuple qui avait entouré de ses bruyantes acclamations le retour du Parlement le poursuivait de ses clameurs et proscrivait ses membres !

M. de Rességuier rentré à Toulouse avec le Parlement n'y fit qu'un très court séjour ; il se rendit à Paris pour assister à la deuxième assemblée des notables. Ma pensée n'est pas de m'appesantir sur la part importante qu'il prit aux discussions qui précédèrent la réunion des Etats-Généraux ; je veux surtout vous parler de sa vie judiciaire.

Les assemblées des notables avaient répondu à la pensée véritable de la France en rédigeant les cahiers destinés aux Etats généraux, monument impérissable qui répondait à toutes les nécessités et qui renfermait le germe de tous les droits, de toutes les franchises, de toutes les libertés ; si des novateurs ambitieux n'en avaient altéré l'esprit, de grandes calamités eussent été épargnées à la France, et nous ne poursuivrions pas encore ce que nous croyions avoir conquis depuis si longtemps.

L'esprit de M. de Rességuier fut frappé de l'entraînement qui attirait tous les hommes influents vers une modification importante des institutions françaises, mais il ne se laissait pas aller aux mêmes illusions et aux mêmes espérances que Malesherbes et Turgot ; pour M. de Rességuier la licence et l'anarchie devait être le terme fatal de ces entreprises commencées au nom de la liberté et de l'égalité. La déclaration royale du 23 février 1789 ne modifia en rien ses tristes prévisions ; les réformes qu'elle annonçait pouvaient, il est vrai, servir de transition utile entre les institutions du passé et les aspirations du présent, mais elles ne pouvaient suffire à ceux qui, entraînés par les souvenirs de la constitution américaine, voulaient tout réformer en un jonr sans se demander par quelles convulsions devait passer la France avant d'en arriver à une aussi complète et aussi brusque transformation. La monarchie était menacée, M. de Rességuier se rendit à son poste pour la défendre une dernière fois.

La révolution était commencée, les trois Ordres s'étaient réunies dans la commune pensée de changer la base de la constitution française, et ils avaient saisi avec empressement le pouvoir politique que les Parlements venaient de répudier.

On vit alors en France un désolant spectacle. Le Tiers-Etat, vainqueur de la noblesse, était embarrassé de ce triomphe pour lequel il avait si vaillam-

ment combattu. Les amis sincères de la monarchie et
de la liberté ne savaient que faire de ce pouvoir
qu'ils venaient d'arracher à la noblesse et au clergé,
ils hésitèrent; et des mains des plus honnêtes le pouvoir tomba aux mains des plus audacieux. Toutes
les institutions de l'ancienne France, battues en brè-
che par les sophismes les plus attrayants, tombèrent
sous les coups d'un parti qui combattait au nom de
la liberté pour arriver au despotisme par la violence ;
il amassa les ruines autour de lui sans jamais rien
relever, et le jour vint où il fallut faire couler à flots
le sang des victimes pour féconder ces débris entassés. Dépouillant les uns, enrichissant les autres, au
nom de l'égalité, ils ébranlèrent jusqu'en ses fonde-
ments le droit de propriété, et les paysans, suivant
l'exemple qui leur était donné, avec cette exagération
dont le peuple ne peut se départir, répandirent par-
tout l'incendie et la terreur pour affirmer cette déclaration des droits de l'homme, au bas de laquelle
Louis XVI avait laissé tomber sa couronne!

· Le moment arriva où la Révolution voulut porter
la main sur les vieilles institutions parlementaires.
Depuis la réunion des Etats-Généraux, le Parlement
de Toulouse n'avait eu qu'une pensée et qu'un but,
empêcher ou réprimer les désordres et les crimes
qni se produisaient de toutes parts; dernier protecteur de l'ordre et de la tranquillité publique dans un

pays où tout était détruit sans que rien fut reédifié, il accomplit couragensement sa tâche. Il suivit sans hésiter la voie que lui traçait M. de Rességuier ; le procureur genéral donna alors le magnifique exemple de la fidélité et du dévouement le plus entier à ses difficiles fonctions ; tandis que la justice restait muette autour de lui et que la force devenait le meilleur de tous les droits, il voulut comme par le passé protéger les individus et les propriétés ; chaque jour le voyait à l'audience sollicitant et obtenant du Parlement quelques arrêts pour maintenir la paix publique. N'est-il pas juste de reconnaître, Messieurs, que si les Parlements furent par leur intempestive résistance les premiers auteurs de la Révolution, ils se placèrent courageusement comme un dernier rempart entre la société menacée et l'orage qu'ils avaient soulevé ?

Mais le flot montait toujours et les digues que l'on édifiait pour arrêter sa marche étaient impuissantes à le contenir. Le 6 septembre 1790, l'Assemblée nationale rendit un décret qui constituait un nouvel ordre judiciaire, et qui se terminait ainsi :

« Au moyen de la nouvelle institution et organi-
« sation des tribunaux pour le service de la juridic-
« tion ordinaire, tous ceux actuellement existants
« sous le titre de vigueries, chatellenies, prévôtes,
« vicomtés, sénéchaussées, baillages, châtelets,

« présidiaux, conseil provincial, conseils supérieurs,
« parlements et généralement tous les tribunaux
« d'ancienne création, sous quelque titre et déno-
« mination que ce soit, demeureront supprimés. »

C'est ainsi que disparurent ces grands corps qui
avaient joué un rôle si important dans l'Etat comme
défenseurs des droits imprescriptibles du peuple et
comme soutiens de la monarchie ; l'Assemblée nationale ne leur fit pas même l'honneur d'une mention
spéciale ; confondus, mêlés sans distinction de degrés
au mi lleu des divers ordres de la justice, ils cessèrent
d'exister sans que la solennité de leur dernier jour
fut digne de l'importance de leurs services ; l'énergie de leurs convictions réveillée par cette insulte
imméritée rendit à leur chute la dignité et la grandeur dont les novateurs voulaient les priver. Le Parlement de Toulouse reçut à la fin de septembre l'ordre d'enregistrer le décret qui le dépouillait et de se
séparer ensuite.

Pour bien apprécier la résistance qu'éprouva l'accomplissement de cette mesure et lui laisser son
véritable caractère, il faut nous reporter, Messieurs,
aux événements au milieu desquels ces faits s'ac-
complissaient. La Révolution respectait encore la
religion et le trône, mais elle les entraînait à sa
suite ; le roi n'était plus qu'un rouage inutile dans
la nouvelle organisation de la France ; laissé libre

d'un consentement mutuel, il couvrait la trahison des uns et les espérances des autres. La transformation entreprise par l'Assemblée nationale n'avait pas encore la sanction si puissante des faits accomplis et l'obéissance à ses droits était loin d'être absolue. La sanction royale donnée à ses décisions ne les sauvait pas des critiques et des attaques des partis, elle les alimentait au contraire en rappelant l'asservissement du pouvoir souverain. Toute résistance à ses ordres pouvait devenir une trahison ou un service rendu au pays.

Le Parlement de Toulouse se réunit à la nouvelle du décret qui le supprimait et le procureur général lui présenta ses réquisitions. C'était bien le même homme qui, quelques années auparavant, avait résisté aux exigences de la cour et la grandeur de son caractère ne se démentait pas. Pour lui, la loi et la constitution sont d'inviolables dépôts qu'il doit toujours défendre, de quelque côté que viennent les attaques. Son grand cœur était révolté par cette amère ironie, qui faisait d'un dernier hommage la plus sanglante insulte en forçant le Parlement à enregistrer l'édit qui le supprimait. Et au nom de quel pouvoir cette suppression était-elle ordonnée?..... Cette question pouvait se poser alors en France, Messieurs. Bien des esprits contestaient à l'Assemblée nationale le droit de réformer la constitution du royaume. Car tel n'était pas son mandat. Pour les Parlements surtout, ce droit paraissait plus contestable encore ! C'était à leur instance qu'était due la réunion des Etats généraux ; c'était eux qui avaient indiqué quelles seraient les bases de leurs discussions, et ce pouvoir qu'ils avaient évoqué employait à les détruire la puissance qu'il tenait de leur initiative ! Tel était l'esprit du Parlement quand le procureur général prit la parole devant la chambre des vacations. Je voudrais, Messieurs, vous rapporter en entier les termes de ces réquisitions, modèles de dignité personnelle et politique, laissez-moi au moins en extraire quelques passages. Le procureur général a dit : « ..... Qu'il est sans exemple que « l'on ait imposé à des magistrats l'obligation de « concourir à leur suppression et que l'on ait employé leur ministère à donner à la loi qui les dé- « truit un caractère apparent d'authenticité..... » Et plus loin : « Qu'irrévocablement lié au sort de « ladite cour, à ses principes, à ses sentiments, tout « acte de son ministère devait cesser au moment où « l'entrée du sanctuaire de la justice était interdit « aux magistrats ; qu'il s'anéantirait avec eux, fidèle « à son serment, à son honneur et au roi. »

Signé RESSÉGUIER.

Il est impossible de porter plus dignement une lourde charge que ne le fit en cette circonstance le marquis de Rességuier ; comme il avait été sans faiblesse lorsqu'il avait eu à lutter contre l'opinion de sa compagnie, il fut d'une remarquable énergie lorsque vint le jour de se dévouer à ses intérêts, et quoi qu'il pût en advenir, il tint fidèlement son serment. Le Parlement de Toulouse s'associa sans hésitation aux réquisitions de son procureur général et, à l'exemple du Parlement de Paris, il protesta contre le décret du 7 septembre (1). Cette protestation renferme tous les griefs de la vieille France contre les novateurs imprudents de l'Assemblée nationale, et contre l'asservissement dans lequel elle tenait le roi. Il en est qui peuvent ne pas partager les sentiments auxquels les magistrats obéissaient en l'écrivant, mais, j'en suis convaincu, Messieurs, il n'est personne qui n'apprécie leur courage et qui ne s'incline respectueusement devant cette trop rare fidélité.

Cette protestation se terminait ainsi :

« La Cour inviolablement attachée à la personne
« sacrée du roi, aux princes de son auguste mai-
« son ; aux divers ordres de l'Etat ; proteste pour
« l'intérêt dudit seigneur roi, du clergé, de la no-

(1) Cette protestation, qui a dit-on été rédigée par M. de Rességuier, est fort longue ; elle est rapportée dans les *Histoires de Toulouse* de MM. d'Aldéguier et Du Mège.

« blesse et de tous les citoyens, contre les atteintes
« portées aux droits de la couronne, à l'anéantisse-
« ment des ordres, l'envahissement de leur pro-
« priété, et le bouleversement de la monarchie fran-
« çaise ; contre tous les édits, déclarations et lettres
« patentes portant suppression de la cour ; contre le
« démembrement de la province de Languedoc, des
« autres provinces formant l'étendue de son ressort
« et l'anéantissement de leurs priviléges.

« Proteste enfin contre toutes les atteintes portées
« à la religion, à la dignité de ses ministres, à la ju-
« ridiction spirituelle de l'Eglise et aux libertés de
« l'Eglise gallicane. . . . .

. . . .

. . . .

« Ordonne ladite Cour que le présent arrêté sera
« transcrit sur les registres, en témoignage de ses
« principes, comme un monument que les magis-
« trats qui la composent et ceux qu'elle représente,
« consacrent au roi et à la nature.

« Ordonne qu'un extrait en forme d'icelui sera in-
« cessamment envoyé audit seigneur roi. »

Il est difficile, Messieurs, de se faire aujourd'hui
une idée de l'effet immense que produisirent ces do-
cuments lorsqu'ils furent répandus à Toulouse ; le
peuple s'associa sans réserve aux griefs de ses premiers magistrats, et cette suppression qui, dans d'au-

tres villes n'eut pas de retentissement en dehors du palais, acquit à Toulouse les proportions d'un véritable évènement.

Mais, à côté du peuple, qui ne se laissait guider que par son bon sens, se trouvaient les chefs, pour qui le succès était une impérieuse nécessité et qui ne pouvaient supporter la pensée d'une résistance ; les nouvelles autorités pour lesquelles c'était une belle occasion de témoigner de leur zèle pour la chose publique ; tous se réunirent pour provoquer une répression violente. Le directoire du département fut saisi d'une dénonciation, rédigée par la Société des Amis de la Constitution, son procureur-syndic, Mailhe, osa accumuler sur la tête de ces magistrats si justement honorés et si complètement fidèles à leur serment, les accusations les plus monstreuses et les plus invraisemblables. Il fit envoyer leur protestation à l'Assemblée Nationale. Rien n'est plus capable, Messieurs, de nous édifier sur les tristes conséquences des passions révolutionnaires que ces mêmes erreurs, sans cesse jetées en pâture au peuple, et sans cesse acceptées par lui avec une confiance qui conduit ses chefs au pouvoir ; depuis soixante ans on vit autour de nous, sur les mêmes calomnies, que les leçons du passé ne peuvent empêcher de réussir !

L'Assemblée Nationale statua, le 8 octobre, sur les protestations du procureur général et du Parlement de Toulouse ; toutes les sévérités furent appelées sur ce grand acte ; cela se comprend, Messieurs, de la part de ceux auxquels il s'attaquait. Le rapporteur, M. de Broglie, concluait à la mise en jugement des membres du Parlement de Toulouse, pour crime de lèse-nation et à leur renvoi devant une juridiction exceptionnelle. En mettant aux mains du gouvernement cette arme si injuste et si terrible à la fois, M. de Broglie était loin de prévoir les fatales conséquences que devait avoir, pour lui-même, l'entraînement auquel il n'avait pas su résister. Lorsque les membres du Parlement de Toulouse furent jugés, le Tribunal d'exception s'appelait le Tribunal révolutionnaire, la Société était représentée par l'infâme Fouquier-Thinville et sa justice s'appelait la mort ! Cinquante-trois membres du Parlement de Toulouse devaient être successivement exécutés ; et au nombre des victimes immolées sans jugement se trouvait l'un des signataires de la protestation du Parlement de Paris, M. le duc de Broglie, l'oncle du rapporteur du 8 octobre !

M. de Resseguier proscrit un des premiers fut du petit nombre de ceux qui mieux inspirés préférèrent l'exil à la justice révolutionnaire ; il habita quelques temps l'Espagne et l'Angleterre, mais les soins de sa famille, l'estime de tous, qui ne cessait de l'entourer ne purent lui faire oublier la France qu'il aimait tant et qu'il avait si glorieusement servie ; il y revint au plus fort de la Terreur et se réfugia à Paris. Les événements avaient tristement marché ; les excès de la Terreur déshonoraient la révolution ; la tête de Louis XVI avait été jetée en défi aux rois de l'Europe ; Marie Antoinette, cette femme sublime, que chacune des calomnies dont elle était la victime semblait grandir encore, se montrait digne de partager jusqu'au supplice de son royal époux.

Vous ne serez pas étonnés, Messieurs, que les despotes sanguinaires qui avaient eu l'audace de porter la main jusqu'au trône de nos rois, aient osé traduire devant leurs juges assassins les magistrats qui avaient été pendant tant d'années les courageux défenseurs des libertés publiques. Le Parlement de Toulouse fut un de ceux qui fournit le plus de victimes ; mais disons-le hautement et avec orgueil, on n'osa pas les juger à Toulouse. Le peuple n'avait pas complètement oublié ceux qu'il appelait ses pères ; il ne voulut pas ajouter foi aux calomnies intéressées que l'on répandit sur leur compte ; pour lui le sang de ses anciens défenseurs n'était pas nécessaire au salut de la France. Les odieux proconsuls de la convention ne trouvaient ni satellites, ni juges complaisants à Toulouse, et quand on arrachait une condamnation à la lâche faiblesse de quelques jurés, la population frémissait d'impatience à la vue de ces exécutions qui le déshonoraient. Le tribunal révo-

lutionnaire avait fait exécuter Mme de Gassan ; cette
noble victime de l'amour maternel mourut en chré-
tienne et en martyre ; tant de noblesse et de dévouement n'avaient pu laisser le peuple insensible, et il
témoigna par son attitude qu'il ne saurait rester le
spectateur impassible de ces odieux attentats. Le
comité de salut public ordonna le transport à Paris
des membres du Parlement de Toulouse. L'accusateur public fit arrêter tous ceux qu'il put attein-
dre au nombre de trente-cinq et prévint le comité
que quelques autres se cachaient à Paris (1). C'est
parmi eux que se trouvaient le premier président de
Cambon et le procureur général de Rességuier ; ils
échappèrent l'un et l'autre aux recherches et aux
condamnations du comité de salut public, grâce au
sublime dévouement de Mme de Cambon, qui paya de
sa vie son refus de dénoncer la retraite de son
mari ! Ce fut le dernier crime que la providence
permit aux factieux, elle mourut le 8 thermidor. Il
est impossible, Messieurs, de ne pas être saisi d'une
profonde tristesse en rappelant ces temps désastreux
où notre belle France s'agitait sous une si honteuse
domination ; la liberté s'épuisait en efforts sanguinaires, le jour approchait où elle se trouverait im-

---

(1) Ces détails résultent d'une lettre écrite par l'accusateur public de
Toulouse au Comité de salut public, le 22 prairial an II.

puissante pour défendre ces conquêtes si chèrement
achetées.

M. de Rességuier ne survécut pas longtemps à
toutes ces agitations. A peine put-il jouir du calme
qui suivit la chute de Robespierre ; ses forces, mi-
nées par de si grandes émotions, ne purent résister
à la première atteinte du mal, et il mourut à qua-
rante-six ans, comme il avait vécu, fidèle à Dieu et
au roi.

Je suis heureux, Messieurs, d'avoir été appelé à
l'honneur de retracer devant vous de tels souvenirs ;
l'éloge de M. de Rességuier aurait trouvé parmi vous
tous de plus dignes interprètes, le souvenir de tout
ce qui a été dit dans cette enceinte m'en donne la
certitude ; mais permettez-moi de dire qu'il n'aurait
pu se trouver dans nos rangs un admirateur plus
sincère de la fière indépendance de son caractère.
Nous avons si souvent entendu répéter que le succès justifie tout, et que la raison du plus audacieux
devient toujours la meilleure, pourvu qu'il soit le
plus fort ; nous avons vu si souvent des hommes
monter au pouvoir à l'abri de convictions qu'ils re-
repoussent ensuite comme un marchepied inutile et
devenu importun, qu'il me semble que l'esprit et la
conscience se reposent avec bonheur sur cette vie si

noblement remplie. Appuyé sur la loi et sur la justice, M. de Rességuier sut repousser tous les enva-
hissements du pouvoir quel que fut son nom, quelle
que fut son origine, et soutenir tous les opprimés,
quelque puissants et quelque redoutables que fussent les oppresseurs. Vous le voyez, Messieurs, ce
sont bien là les traditions que garde la magistrature
de notre pays ; si elle n'a plus la haute importance
politique des Parlements, elle a été placée plus près
du peuple pour le diriger par ses principes et par
ses actes ; mais si elle n'est plus mêlée directement
aux agitations politiques, son calme n'est pas de
l'indifférence ; elle suit, d'un œil attentif, la vie de
la France, toujours digne du respect du peuple,
parce qu'elle lui donne la première l'exemple de
son respect pour la loi et de son amour pour la
liberté.

Pour nous aussi, Messieurs, cette vie résume de
grands enseignements puisque nous aussi nous avons
l'honneur d'être les défenseurs des grandes franchises nationales dont chaque jour nous réclamons les
priviléges à la barre. Dans la liste glorieuse de nos
ancêtres du barreau nous trouvons réunis tous les
nobles exemples : qu'ils soient restés dans nos rangs
ou qu'ils aient été appelés aux honneurs et aux dan-
gers de la vie publique. Conservons fidèlement ces

traditions, et n'oublions pas, mes chers confrères, que c'est un dépôt confié à notre indépendance et que nous devons fidèlement garder pour le rendre intact à ceux qui nous succéderont.

Toulouse, E. Connac, Delpon et Comp., rue des Balances, 43.